# EFFET APPLE VISION PRO

# 2024

**Le guide de l'utilisateur essentiel pour vivre deux vies et les aimer toutes les deux avec la révolution et la renaissance de Vision Verse**

## Andrea Bunker

## APERÇU

Entrez dans le portail : bienvenue dans le verset de vision

Avez-vous déjà rêvé de survoler des paysages fantastiques, de défier la gravité dans des arènes impossibles ou de converser avec des personnages historiques comme s'ils se tenaient juste à côté de vous ? L'Apple Vision Pro n'est pas seulement un casque ; c'est un portail vers un royaume de possibilités illimitées, brouillant les frontières entre la réalité et le paysage numérique. Dans ce livre, nous serons votre guide dans ce voyage exaltant, vous fournissant les connaissances et les outils nécessaires pour naviguer dans l'étendue vibrante connue sous le nom de Vision Verse.

Oubliez les contrôleurs encombrants et les écrasements de boutons gênants. Le Vision Verse répond à vos gestes naturels et aux mouvements subtils de votre regard, vous plongeant dans des mondes adaptés à chacun de vos caprices. Imaginez-vous brandir des pinceaux virtuels qui dansent sur votre toile, escalader des montagnes imposantes d'un simple mouvement de poignet ou vous lancer dans des poursuites interstellaires palpitantes avec de simples murmures de votre voix. Le Vision Verse est votre terrain de jeu, votre toile, votre scène – un univers où la seule limite est votre imagination.

Mais comme tout territoire inexploré, le Vision Verse exige à la fois crainte et respect. Ce livre est plus qu'un simple manuel d'utilisation ; c'est un guide complet pour explorer cette nouvelle frontière avec sécurité, responsabilité et enthousiasme sans limites. Nous plongerons dans les subtilités de votre Vision Pro, vous apprendrons à maîtriser ses commandes intuitives et vous guiderons à travers les principes essentiels pour naviguer dans le domaine numérique avec grâce et confiance.

Que vous soyez un joueur chevronné à la recherche d'aventures immersives, une âme créative aspirant à un canevas illimité ou simplement un explorateur curieux désireux de jeter un coup d'œil au-delà du voile de la réalité, le Vision Verse vous attend. Dans ces pages, vous trouverez la carte, la boussole et l'étincelle d'inspiration pour vous lancer dans votre propre odyssée unique. Alors, enfilez votre Vision Pro, ajustez votre regard et préparez-vous à entrer dans un monde où tout est possible. Bienvenue dans le futur, bienvenue dans Vision Verse et bienvenue dans l'aventure !

# CHAPITRE UN

## Présentation de l'appareil et de ses capacités

Bienvenue dans le monde incroyable d'Apple Vision Pro, où les frontières entre les domaines physique et numérique s'estompent. Ce casque de réalité mixte de pointe ouvre une nouvelle dimension de possibilités, brouillant les frontières entre voir, interagir et créer. Dans ce chapitre, nous vous ferons une visite guidée de Vision Pro, présentant ses fonctionnalités et capacités révolutionnaires.

**Dévoilement d'une passerelle vers la réalité mixte :**

Informatique spatiale : plongez-vous dans un monde où les objets numériques s'intègrent parfaitement à votre environnement physique. Vision Pro utilise des capteurs et des logiciels avancés pour créer une illusion époustouflante de profondeur et de conscience spatiale, ouvrant ainsi la porte à des expériences révolutionnaires.

Visualisation haute fidélité : soyez témoin d'une clarté et de détails inégalés avec les deux écrans micro-OLED de Vision Pro, offrant une résolution combinée de 23 millions de pixels. Préparez-vous à être captivé par des couleurs vibrantes, des visuels d'une netteté exceptionnelle et un champ de vision qui élargit votre perception de la réalité.

Précision du suivi oculaire : découvrez un nouveau niveau d'intuitivité grâce à la technologie avancée de suivi oculaire de Vision Pro. Votre regard devient votre commande, permettant des interactions naturelles avec des objets et des environnements virtuels, favorisant ainsi une connexion plus profonde avec le monde numérique.

Spatial Audio réinventé : laissez le son vous transporter avec le système audio conçu sur mesure de Vision Pro. La technologie audio spatiale crée un paysage sonore 3D qui s'adapte dynamiquement aux mouvements de votre tête, donnant vie aux environnements virtuels avec une précision extrême et un réalisme immersif.

Apple Silicon Powerhouse : Vision Pro exploite la puissance d'un système à double puce conçu sur mesure. La puce M2 gère les tâches informatiques générales avec une efficacité inégalée, tandis que la puce R1 traite spécifiquement le déluge de données sensorielles, garantissant des performances et une réactivité fluides.

## Au-delà des spécifications : un aperçu des possibilités :

Imaginez travailler sur des modèles 3D comme s'il s'agissait d'objets tangibles flottant dans votre espace de travail.

Imaginez collaborer avec des collègues de tous les continents et ressentir leur présence virtuelle comme s'ils se tenaient juste à côté de vous. Imaginez-vous entrer dans des paysages virtuels à couper le souffle, explorer des territoires inexplorés et vous lancer dans des aventures fantastiques.

Avec Vision Pro, ce ne sont pas seulement des fantasmes futuristes, mais des réalités tangibles qui attendent d'être découvertes. Ce chapitre n'a fait qu'effleurer la surface de ce que propose Vision Pro. Dans les chapitres suivants, nous approfondirons chacune de ces fonctionnalités remarquables, vous dotant ainsi des connaissances et des compétences nécessaires pour libérer tout le potentiel de cet appareil révolutionnaire.

Préparez-vous à vous lancer dans un voyage qui transcende les limites du monde physique. Bienvenue à l'aube de la réalité mixte, bienvenue dans Apple Vision Pro.

Configuration système requise et compatibilité

Avant de vous lancer dans votre aventure Apple Vision Pro, il est essentiel de vous assurer que vos appareils existants peuvent se connecter de manière transparente et libérer tout le potentiel de cette technologie révolutionnaire. Voici un guide complet sur la configuration système requise et la compatibilité :

Compatibilité des appareils :

Appareils pris en charge : actuellement, Apple Vision Pro s'associe parfaitement aux iPhones et Mac équipés de processeurs et de versions logicielles compatibles. Voici une répartition :

iPhones : iPhone 14 Pro Max et Pro, iPhone 13 Pro Max et Pro, iPhone 12 Pro Max et Pro avec iOS 17.0 ou version ultérieure

Mac : MacBook Pro (M1 Pro, M1 Max, M2 Pro, M2 Max) avec macOS Ventura 13.2 ou version ultérieure

Compatibilité future : Apple prévoit d'étendre la compatibilité Vision Pro à d'autres appareils à l'avenir, notamment les iPad et les Apple TV. Restez à l'écoute pour d'autres mises à jour !

Spécifications matérielles minimales :

Même si la puissance de traitement de Vision Pro gère le gros du travail, votre iPhone ou Mac doit répondre à certaines exigences matérielles minimales pour garantir des performances fluides et une connectivité optimale :

Puissance de calcul:

iPhones : puce A15 Bionic ou version ultérieure

Mac : puce M1 Pro ou version ultérieure

Mémoire:

iPhones : 8 Go de RAM ou plus

Mac : 16 Go de RAM ou plus

Stockage:

iPhones : 256 Go de stockage ou plus recommandés

Mac : 512 Go de stockage ou plus recommandé

Compatibilité logicielle :

iOS : la version 17.0 ou ultérieure est requise pour que votre iPhone puisse se connecter et interagir avec Apple Vision Pro.

macOS : la version 13.2 ou ultérieure est requise pour que votre Mac puisse se connecter et interagir avec Apple Vision Pro.

Applications : le nouvel App Store de Vision Pro propose de nombreuses applications et expériences spatiales, spécialement conçues pour l'appareil. Cependant, la plupart des applications iPad et iPhone existantes sont également compatibles et peuvent être lancées dans Vision Pro, même si leur interface utilisateur n'est peut-être pas entièrement optimisée pour l'environnement spatial.

Considérations supplémentaires:

Connexion Internet : Wi-Fi 6 ou version ultérieure est fortement recommandé pour une diffusion en continu et un téléchargement fluides du contenu dans Vision Pro.

Accessibilité : Apple Vision Pro offre diverses fonctionnalités d'accessibilité telles que la commande vocale, les options d'étalonnage du suivi oculaire et le grossissement réglable pour répondre à divers besoins.

N'oubliez pas qu'il s'agit des exigences minimales. Pour une expérience optimale, dépasser ces spécifications est toujours recommandé.

Ce qui est inclus dans la boîte

Alors que vous attendez avec impatience votre Apple Vision Pro, l'impatience monte. Quels trésors se cachent dans cet emballage élégant ? Voici un aperçu de ce qui vous attend :

L'étoile du spectacle:

Casque Apple Vision Pro : pièce maîtresse de votre voyage en réalité mixte, ce casque léger mais sophistiqué est doté de capteurs avancés, d'écrans époustouflants et de commandes intuitives.

Confort et personnalisation :

Bande Solo Knit et Dual Loop Band : Choisissez entre le confort minimaliste de la bande Solo Knit ou la stabilité supplémentaire de la bande Dual Loop, assurant un ajustement parfait à toutes les formes de tête.

Light Seal et Light Seal Cushions : Plongez pleinement dans le monde virtuel avec le Light Seal, bloquant la lumière ambiante. Deux tailles de coussin permettent une personnalisation supplémentaire.

Alimentation et connexion :

Coque Apple Vision Pro : Protégez votre casque lorsqu'il n'est pas utilisé avec cette coque élégante et stylée.

Batterie : Profitez d'une exploration prolongée du monde spatial avec la batterie rechargeable incluse.

Câble de charge USB-C et adaptateur secteur USB-C : gardez votre Vision Pro sous tension avec ces accessoires essentiels.

Une touche de magie Apple :

Chiffon de polissage : conservez l'apparence impeccable de votre casque avec ce chiffon en microfibre de haute qualité.

N'oubliez pas qu'il ne s'agit pas simplement d'une collection d'objets ; c'est une passerelle vers une toute nouvelle dimension. Chaque élément joue un rôle crucial pour libérer tout le potentiel d'Apple Vision Pro et garantir une expérience confortable, immersive et vraiment inoubliable.

Notes complémentaires:

Certains détaillants peuvent proposer des options groupées avec des accessoires supplémentaires tels que des manettes ou des codes de jeu VR.

Apple peut proposer en option l'achat de coussins Light Seal supplémentaires de différentes tailles pour un confort encore plus personnalisé.

# CHAPITRE DEUX

## Configuration de votre Apple Vision Pro : assemblage du casque et des contrôleurs.

Maintenant que vous avez dévoilé votre Apple Vision Pro et que vous êtes émerveillé par son design élégant, il est temps de vous lancer dans l'aventure passionnante de la configuration ! Ce chapitre vous guidera à travers le processus simple d'assemblage de votre casque et de vos contrôleurs, vous préparant ainsi à votre première incursion dans la réalité mixte.

À vos marques, prêts, assemblez !

1. Préparation du casque :

Fixation de la bande Solo Knit ou de la bande Dual Loop : faites glisser la bande choisie dans les fentes de chaque côté du casque, en assurant un clic sécurisé. Expérimentez avec les deux options pour trouver votre ajustement parfait en termes de confort et de stabilité.

Installation du joint léger et du coussin : choisissez la taille de votre coussin préféré (petit ou moyen) et fixez-le parfaitement au joint léger. Insérez l'ensemble complet dans la partie avant du casque jusqu'à ce que vous entendiez un clic satisfaisant.

Bouton d'alimentation et port de chargement : Familiarisez-vous avec le bouton d'alimentation situé à l'arrière du côté droit et le port de chargement USB-C sur le côté gauche.

2. Dévoilement des contrôleurs manuels :

Boutons de préhension et de déclenchement : saisissez confortablement chaque contrôleur, en notant le placement naturel de vos doigts sur les boutons de déclenchement et d'action. Explorez le bouton de menu supplémentaire et le joystick sur chaque contrôleur.

Couplage des contrôleurs : appuyez simultanément sur le bouton d'alimentation de chaque contrôleur et maintenez-le enfoncé jusqu'à ce qu'il clignote en bleu. Sur votre iPhone ou Mac, suivez les instructions à l'écran pour terminer le processus de couplage.

3. Calibrage et réglage fin :

Calibrage du suivi oculaire : mettez le casque et suivez les instructions à l'écran pour calibrer votre suivi oculaire, garantissant ainsi un contrôle précis et des interactions naturelles dans le monde virtuel.

Réglage de la distance interpupillaire (IPD) : utilisez la molette dédiée sur le casque pour régler la distance entre les lentilles pour une mise au point et un confort visuel optimaux.

Toutes nos félicitations! Vous avez assemblé avec succès votre Apple Vision Pro et fait les premiers pas vers un monde de possibilités illimitées. Dans le prochain chapitre, nous explorerons le monde intuitif de visionOS, votre passerelle pour naviguer et interagir avec le paysage de réalité mixte.

Conseils supplémentaires :

Téléchargez l'application compagnon Apple Vision Pro sur votre iPhone ou Mac pour des options de configuration et des didacticiels supplémentaires.

Gardez le joint lumineux et les coussins propres et secs pour un confort et une hygiène optimaux.
Entraînez-vous à utiliser les boutons et les gestes de la télécommande dans un environnement familier avant de vous aventurer dans des expériences VR.
Charger l'appareil
Garder votre Vision Pro sous tension : un guide de chargement
Avant de plonger tête première dans le monde fascinant de la réalité mixte, assurez-vous que votre Apple Vision Pro est complètement chargée et prête à tout. Ce chapitre aborde les détails simples mais cruciaux permettant de maintenir des performances optimales de votre casque.
Comprendre le jeu de pouvoir :
Apple Vision Pro dispose d'une batterie longue durée, vous permettant

d'explorer les merveilles de l'informatique spatiale pendant des heures. Cependant, à terme, même l'aventurier le plus endurant a besoin d'un regain de puissance. Voici ce que vous devez savoir pour recharger votre casque :

1. Autonomie de la batterie et temps de charge :

Selon l'intensité d'utilisation, la batterie Vision Pro peut durer jusqu'à 8 heures d'utilisation continue. Cela inclut regarder des films, jouer à des jeux ou explorer des environnements AR.

Le temps de recharge de complètement épuisé à 100 % prend environ 2 heures à l'aide du câble USB-C et de l'adaptateur secteur inclus.

2. Méthodes de chargement :

Port USB-C : L'option la plus pratique, connectez simplement le câble USB-C inclus au port de charge sur le côté gauche du casque et branchez-le sur l'adaptateur secteur fourni.

Chargement sans fil (en option) : Apple prévoit de lancer à l'avenir une station de chargement sans fil (vendue séparément), vous permettant de reconstituer facilement la batterie de votre Vision Pro sans câbles.

3. Conseils de chargement :

Pour une durée de vie optimale de la batterie, évitez de laisser le Vision Pro en veille pendant de longues périodes. Éteignez-le lorsqu'il n'est pas utilisé.

Lorsque vous utilisez le casque, ajustez le niveau de luminosité en fonction de l'éclairage ambiant pour optimiser la consommation de la batterie.

Pensez à acheter un câble USB-C ou un adaptateur secteur supplémentaire pour des options de chargement pratiques lors de vos déplacements.

4. État de santé et remplacement de la batterie :

Apple Vision Pro est livré avec un indicateur d'état de la batterie intégré, vous avertissant lorsque la batterie doit être remplacée.

Les prestataires de services Apple agréés peuvent gérer le remplacement de la batterie à une date ultérieure.

N'oubliez pas qu'un Vision Pro entièrement chargé est votre passeport pour des aventures sans fin en réalité mixte. En comprenant les méthodes de chargement et en adoptant des conseils utiles, vous pouvez vous assurer que votre appareil est toujours prêt à vous transporter vers de nouveaux mondes.

Astuce bonus :
Téléchargez l'application compagnon Apple Vision Pro pour surveiller le niveau de votre batterie et recevoir des notifications de charge sur votre iPhone ou Mac.

Connexion à votre iPhone ou Mac

Une fois votre casque assemblé et sous tension, il est temps d'établir la connexion cruciale entre votre Apple Vision Pro et le monde familier de votre iPhone ou Mac. Ce pont simple mais puissant ouvre la porte à un univers de possibilités en réalité mixte.

Choisir votre chemin :

Apple Vision Pro propose deux options de connectivité, chacune adaptant l'expérience à vos préférences :

1. Compagnon iPhone :

Liberté sans fil : profitez de la joie sans fil de la connexion sans fil via Bluetooth Low Energy (BLE). Déplacez-vous librement dans votre espace, plongez-vous dans des expériences VR et interagissez avec le contenu AR, le tout sans les contraintes des câbles.

Accessibilité instantanée : lancez en toute transparence les applications et les expériences Vision Pro directement depuis votre iPhone, ce qui en fait votre centre de commande pratique pour naviguer dans le monde de la réalité mixte.

Contenu et expériences partagés : partagez des photos, des vidéos et même l'écran de votre iPhone dans l'environnement Vision Pro, brouillant les frontières entre physique et numérique avec vos proches.

2. Centrale Mac :

Immersion cinématographique : transformez votre Vision Pro en votre cinéma VR personnel, en le connectant directement à votre Mac via un câble USB-C. Bénéficiez d'une fidélité visuelle et d'une qualité sonore inégalées grâce au traitement vidéo et audio dédié via votre Mac.

Maîtrise du multitâche : glissez et déposez des fichiers, lancez des applications de bureau et utilisez même le clavier et le trackpad de votre Mac dans Vision Pro. Cette connexion filaire libère tout le potentiel de la réalité mixte pour la productivité et les flux de travail créatifs.

L'art de la connexion :

Quel que soit le chemin choisi, connecter votre Vision Pro est un jeu d'enfant :

iPhone : assurez-vous que votre iPhone exécute iOS 17.0 ou une version ultérieure et que Bluetooth est activé. Sur votre iPhone, lancez l'application compagnon Apple Vision Pro et suivez les instructions à l'écran pour coupler vos appareils.

Mac : assurez-vous que votre Mac exécute macOS Ventura 13.2 ou une version ultérieure. Connectez votre Vision Pro à votre Mac à l'aide du câble USB-C fourni. Votre Mac détectera automatiquement le casque et configurera la connexion.

Prêt à explorer :

Une fois la connexion établie, le terrain de jeu de réalité mixte vous attend. Que vous choisissiez la liberté pratique de l'iPhone ou la puissance immersive du Mac, votre Vision Pro devient une extension de votre moi numérique, comblant le fossé entre les domaines physique et virtuel.

Astuce bonus :

Expérimentez avec les deux options de connexion pour découvrir quelle configuration correspond le mieux à vos préférences et activités. Profitez de la flexibilité et de la transition transparente entre la connectivité iPhone et Mac pour une expérience de réalité mixte vraiment polyvalente.

Calibrage du casque et des contrôleurs Votre Apple Vision Pro est assemblée, chargée et connectée. Il est maintenant temps d'affiner l'expérience pour une immersion et un contrôle parfaits. Ce chapitre vous guide à travers le processus simple mais crucial de calibrage de votre casque et de vos contrôleurs, garantissant des interactions précises et des mouvements naturels dans le monde de réalité mixte.

Mettez-vous au point : étalonnage du suivi oculaire

La technologie de pointe de suivi oculaire d'Apple Vision Pro ouvre un nouveau niveau d'interaction intuitive. Pour garantir l'exactitude, procédez comme suit :

1. Mettez le casque et détendez-vous dans un environnement bien éclairé.

2. Suivez les invites à l'écran, en vous concentrant sur des points spécifiques à différentes distances. Cela aide le système à cartographier vos mouvements oculaires avec des détails précis.

3. Répétez le processus si vous y êtes invité. La précision de l'étalonnage est cruciale pour un contrôle naturel basé sur le regard et un confort optimal.

Réglage précis pour le confort : réglage de la distance interpupillaire (IPD)

La distance entre vos pupilles (IPD) est unique et garantir une parfaite adéquation dans le monde virtuel est la clé du confort visuel et de la concentration. Voici comment ajuster l'IPD :

1. Regardez un objet distant dans le monde réel.

2. Utilisez la molette de réglage IPD sur le côté du casque jusqu'à ce que l'image virtuelle de l'objet apparaisse nette et unique. Ne vous fatiguez pas les yeux !

3. Répétez le processus si nécessaire. Trouver le bon réglage IPD peut

prendre quelques essais, alors soyez patient et faites confiance à vos yeux.

Maîtriser les outils : étalonnage de la manette manuelle

Vos contrôleurs manuels sont vos clés pour interagir avec le monde virtuel. Pour garantir un suivi et une réponse précis :

1. Tenez confortablement les deux contrôleurs, en les pointant vers l'avant.

2. Suivez les invites à l'écran dans le menu des paramètres de Vision Pro. Il vous sera peut-être demandé de bouger vos mains selon des schémas spécifiques ou d'appuyer sur des boutons.

3. Répétez le processus pour chaque contrôleur. Un calibrage précis garantit une manipulation fluide des objets, une visée dans les jeux VR et

des interactions naturelles basées sur les gestes

Calibrage : votre passeport vers la précision

Prendre le temps de calibrer votre Apple Vision Pro ouvre la voie à un monde de navigation fluide et d'interactions intuitives. Avec un suivi oculaire précis, un ajustement IPD parfait et des contrôleurs bien calibrés, vous vous déplacez sans effort dans le paysage de réalité mixte, sentant que vos actions virtuelles reflètent vos mouvements du monde réel avec une précision exceptionnelle.

Astuce bonus :

Recalibrez régulièrement votre suivi oculaire et vos contrôleurs, en particulier après une utilisation prolongée ou si vous ressentez un inconfort ou des problèmes de suivi. Un Vision Pro bien calibré est un Vision Pro heureux !

Personnalisation des paramètres et des préférences

Votre Apple Vision Pro n'est pas seulement un appareil ; c'est une extension de vous, un portail vers un univers de réalité mixte personnalisé. Ce chapitre vous permet d'adapter votre expérience à vos préférences uniques, garantissant confort, commodité et une expérience qui reflète véritablement votre style personnel.

Plongez dans la personnalisation :

Apple Vision Pro propose une multitude de paramètres et de préférences pour personnaliser votre parcours :

Ajustements visuels : ajustez la luminosité, le contraste et la température de couleur pour un confort visuel et une clarté optimaux, que ce soit pour combattre des extraterrestres en VR ou pour dessiner des chefs-d'œuvre en AR.

Immersion audio : expérimentez les paramètres audio spatiaux, en ajustant la scène sonore virtuelle pour qu'elle corresponde aux mouvements de votre tête et améliore le réalisme de vos aventures.

Ajustements du suivi oculaire : choisissez la manière dont votre regard interagit avec le monde. Vous souhaitez sélectionner des objets instantanément d'un seul coup d'œil ? Activer la sélection directe. Vous préférez une approche plus lente et axée sur la concentration ? Optez pour le regard en direct.

Contrôle gestuel : personnalisez la façon dont vous naviguez et interagissez avec votre environnement. Vous préférez l'intuitivité des gestes de la main ? Attribuez des actions spécifiques aux balayages, pincements et saisies. Vous êtes plutôt amateur de boutons ? Remappez les fonctions du contrôleur en fonction de votre mémoire musculaire.

Options d'accessibilité : Apple Vision Pro répond à divers besoins. Ajustez la taille du texte, activez la commande vocale et explorez les paramètres de grossissement pour garantir que tout le monde puisse explorer confortablement le paysage de réalité mixte.

Au-delà de l'interface :

La personnalisation s'étend au-delà du domaine virtuel :

Le confort est la clé : ajustez la tension du bandeau, remplacez les coussinets légers pour un ajustement parfait et explorez les conseils de confort pour une utilisation prolongée. Un visage heureux fait un explorateur heureux !

Home Sweet Home : personnalisez votre écran d'accueil Vision Pro avec vos applications et expériences préférées, créant ainsi une rampe de lancement familière pour vos escapades en réalité mixte.

Partagez votre monde : capturez des captures d'écran et enregistrez des vidéos de vos aventures dans Vision Pro, partagez-les avec vos amis et votre famille pour diffuser la magie de la réalité mixte.

N'oubliez pas que c'est votre voyage. Expérimentez, affinez et découvrez quels paramètres et préférences font que votre Apple Vision Pro vous ressemble vraiment. Les possibilités sont infinies!

Astuce bonus :

Explorez les profils Vision Pro prédéfinis tels que « Joueur », « Artiste » ou « Détente » pour des options de configuration rapide adaptées à des activités spécifiques.

# CHAPITRE TROIS

## Présentation de visionOS

Avec votre Apple Vision Pro préparé et prêt à l'action, il est temps d'entrer au cœur de l'expérience : visionOS. Ce système d'exploitation intuitif et immersif fait office de boussole et de centre de commande, vous guidant à travers les possibilités illimitées de l'univers de réalité mixte.

Un visage familier mais futuriste :

À première vue, visionOS peut sembler étrangement familier. Ses éléments principaux - écran d'accueil, menu d'applications et centre de notifications - résonnent avec l'écosystème Apple que vous connaissez et aimez. Mais plongez plus profondément et vous découvrirez une couche de magie innovante tissée dans chaque interaction.

Naviguer vers la nouvelle frontière : Commençons par une visite guidée des principales fonctionnalités de visionOS :

Écran d'accueil spatial : votre écran d'accueil Vision Pro n'est pas une grille statique d'icônes. Il s'agit d'un environnement spatial dynamique dans lequel vos applications et expériences préférées flottent autour de vous. Tendez la main ou le regard pour les sélectionner et les lancer, brouillant ainsi les frontières entre interaction physique et numérique.

Multitâche en toute simplicité : Besoin de vérifier une recette lors de la création d'un modèle 3D ? visionOS vous permet d'ouvrir de manière transparente plusieurs applications dans des fenêtres flottantes, en effectuant plusieurs tâches à travers les mondes physique et virtuel avec une facilité intuitive.

Les gestes sont votre langage : oubliez le clic et le défilement. visionOS adopte les gestes naturels de la main et le suivi oculaire pour un contrôle sans effort. Pointez, saisissez, faites pivoter et naviguez avec les mêmes mouvements intuitifs que vous utilisez dans le monde réel.

Focus and Dwell : Vous souhaitez sélectionner un objet instantanément d'un simple coup d'œil ? Activez « Concentration ». Vous préférez une approche plus lente, basée sur le temps passé, pour un contrôle plus fin ? Optez pour « Regard ». visionOS s'adapte à votre style d'interaction préféré.

Assistant vocal à votre service : Siri devient votre guide omniprésent dans le paysage de la réalité mixte. Posez des questions, lancez des applications et contrôlez les éléments en mains libres, améliorant ainsi votre exploration et garantissant des interactions fluides.

Au-delà des bases:

visionOS offre une multitude de fonctionnalités pour les explorateurs chevronnés :

Bibliothèque d'applications et App Store : découvrez une sélection organisée d'applications et d'expériences spatiales spécialement conçues pour Vision Pro, ainsi que des favoris familiers optimisés pour l'environnement de réalité mixte.

SharePlay et collaboration : emmenez vos amis et votre famille dans votre monde virtuel. Regardez des films ensemble, collaborez sur des projets créatifs ou passez simplement du temps dans des environnements AR partagés.

Notifications réinventées : fini les pop-ups intrusifs. visionOS affiche subtilement les notifications dans votre vision périphérique, vous assurant ainsi de rester informé sans rompre votre immersion.

Accessibilité pour tous : visionOS répond à divers besoins avec la commande vocale, la taille du texte réglable et les options de grossissement, garantissant que chacun puisse profiter de la magie de la réalité mixte.

Ce n'est que la pointe de l'iceberg. visionOS est une plate-forme vivante et évolutive qui élargit constamment ses capacités et ses fonctionnalités. Au fur et à mesure que vous approfondissez, vous découvrirez des joyaux cachés, des raccourcis intuitifs et des paramètres personnalisés qui font de votre expérience Vision Pro vraiment la vôtre.

N'oubliez pas que visionOS est votre passerelle vers une exploration sans limites. Embrassez son charme intuitif, expérimentez ses fonctionnalités innovantes et laissez-le vous guider dans un voyage inoubliable dans le futur de l'informatique.

Navigation et gestes de base

Le monde physique a ses mains et ses pieds, le monde numérique ses clics et ses défilements. Mais dans le domaine de réalité mixte de visionOS, votre mouvement devient votre langage, vos gestes, vos commandes. Ce chapitre dévoile la danse intuitive de la navigation et des gestes, vous permettant de parcourir sans effort les possibilités illimitées de votre Apple Vision Pro.

Bouger avec grâce :

Imaginez-vous glisser gracieusement à travers un paysage virtuel, vos mains tenant une baguette de chef d'orchestre guidant votre voyage. Dans visionOS, la navigation semble aussi naturelle que la navigation dans votre propre salon :

Regard et demeure : laissez votre regard être votre boussole. Concentrez-vous sur un point au loin et votre corps virtuel glisse gracieusement vers lui, le monde évoluant de manière transparente autour de vous. Maintenez votre regard plus longtemps pour une expérience plus lente et plus immersive.

Pointer et téléporter : Besoin de parcourir de grandes distances en un clin d'œil ? Tendez la main en pointant vers la destination souhaitée. Un anneau scintillant confirme votre cible et un clic vous y emmène en un instant. Téléportez-vous comme un magicien du numérique !

Marcher sur place : Vous êtes nostalgique d'un terrain familier ? Promenez-vous dans votre espace du monde réel et votre avatar virtuel reflète vos mouvements, vous permettant d'explorer les mondes numériques dans le confort de votre foyer.

Le langage des mains :

Au-delà du mouvement, vos mains deviennent de puissants outils d'interaction dans visionOS. Voici quelques gestes essentiels :

Atteignez et sélectionnez : étendez votre main comme un bâton de chef d'orchestre virtuel et appuyez sur un objet ou une carte d'application pour l'activer. Un geste simple, un monde de possibilités libéré.

Pincer et faire pivoter : Vous souhaitez examiner un modèle 3D sous tous les angles ? Pincez vos doigts sur l'objet et faites-le pivoter librement, en sentant la texture virtuelle sous vos doigts.

Glisser et faire défiler : les gestes familiers prennent un nouveau sens. Faites glisser votre doigt pour naviguer dans les menus, faire défiler les listes et même manipuler des objets virtuels avec une facilité intuitive.

Pouce levé et baissé : j'aime ou je n'aime pas, d'accord ou pas d'accord – ces gestes familiers se traduisent de manière transparente par une interaction avec le contenu virtuel, offrant des moyens rapides et intuitifs d'exprimer vos préférences.

Maîtriser le métier :

Au fur et à mesure que vous approfondirez visionOS, votre vocabulaire gestuel s'élargira :

Toucher à deux doigts : ce raccourci pratique ouvre des menus contextuels, offrant des options supplémentaires pour interagir avec les objets et les environnements.

Fist Clench : Besoin d'échapper à un menu ou de fermer une application ? Serrez le poing – un geste puissant pour une retraite rapide.

Air Grab : Les objets du monde virtuel deviennent tangibles avec ce geste. Tendez la main et saisissez-les, manipulez leur taille et leur position et ressentez le poids numérique dans vos mains virtuelles.

N'oubliez pas que dans visionOS, votre corps est votre contrôleur, vos gestes votre voix. Adoptez le flux naturel de navigation et d'interactions manuelles, et vous libérerez tout le potentiel de votre voyage en réalité mixte. Le vaste cosmos de visionOS attend votre exploration, alors avancez avec audace et maîtrisez le langage des mains et du mouvement !

Écran d'accueil et menu des applications

L'écran d'accueil de votre Apple Vision Pro n'est pas seulement une barre de lancement ; c'est une toile personnalisée reflétant votre parcours unique en réalité mixte. Ce chapitre plonge au cœur de visionOS, vous guidant dans la navigation, la personnalisation et la maîtrise de l'écran d'accueil et du menu des applications.

Une Symphonie Spatiale :

Imaginez un monde dans lequel vos applications et expériences préférées flottent autour de vous, scintillant comme des étoiles dans une galaxie numérique. C'est la magie de l'écran d'accueil de visionOS. Au lieu d'icônes statiques, vous trouverez des cartes interactives présentant des visuels éclatants, des aperçus attrayants et des gestes intuitifs à découvrir.

Atteignant les étoiles:

Interagir avec votre écran d'accueil est aussi naturel que tendre la main et toucher le monde qui vous entoure :

Pointez et sélectionnez : étendez votre main comme un conducteur virtuel, en dirigeant votre regard vers la carte d'application souhaitée. Un subtil anneau bleu confirme votre concentration et une simple pression libère l'expérience.

Gaze and Dwell : Vous préférez une approche plus lente et plus délibérée ? Concentrez votre regard sur une carte d'application pendant un instant, et elle flotte gracieusement plus près, prête à être lancée.

Maestro de commande vocale : Besoin de quelque chose de spécifique ? Invoquez Siri avec un simple « Hey Siri » et demandez le lancement d'applications, des recherches d'informations ou des ajustements de contrôle en mains libres.

Personnaliser votre univers :

Votre écran d'accueil est le reflet de vous. Voici comment le faire briller :

Réorganisez le Cosmos : maintenez et faites glisser les cartes d'application pour personnaliser leurs positions, créant ainsi des constellations qui reflètent vos priorités et préférences.

Joyaux cachés : faites glisser votre doigt vers le haut sur l'écran d'accueil pour accéder au menu des applications, une mine d'applications spatiales organisées et des favoris familiers optimisés pour le monde de la réalité mixte.

Champions d'accès rapide : épinglez vos applications les plus utilisées au bord inférieur de l'écran d'accueil pour un lancement instantané, garantissant que vos aventures préférées sont toujours à portée de main.

Au-delà de l'essentiel :

Pour les explorateurs chevronnés, l'écran d'accueil offre des profondeurs cachées :

Dossiers cachés : regroupez les applications associées dans des dossiers pour un écran d'accueil organisé et sans encombrement. Appuyez deux fois et maintenez un dossier pour accéder facilement à son contenu.

Recherche Spotlight : Vous ne vous souvenez plus du nom de cette fascinante application artistique AR ? Faites glisser votre doigt vers le bas sur l'écran d'accueil et activez la recherche Spotlight. Tapez quelques mots-clés et l'expérience parfaite émergera de la poussière numérique.

Écrans d'accueil dynamiques : créez des écrans d'accueil personnalisés pour différentes activités. Plongez-vous dans une arène de jeu organisée ou dans un jardin de méditation tranquille, en basculant instantanément entre les mises en page personnalisées d'un simple toucher.

N'oubliez pas que votre écran d'accueil est plus qu'un simple point de départ ; c'est un témoignage vivant de vos aspirations en matière de réalité mixte. Alors personnalisez-le, explorez sa profondeur et laissez-le devenir un tremplin pour d'innombrables aventures dans l'univers visionOS.

# CHAPITRE QUATRE

## Utiliser la réalité augmentée (AR)

Placer des applications et du contenu dans votre environnement physique

Avec le puissant mélange de réalité et de magie numérique de votre Apple Vision Pro, il est temps d'entrer dans le domaine captivant de la réalité augmentée (RA). Ce chapitre vous donne le pouvoir de mélanger de manière transparente des éléments virtuels avec votre environnement physique, transformant votre espace quotidien en une toile de créativité et d'exploration.

Imaginez les possibilités :

Invoquez une galerie d'art virtuelle sur le mur de votre salon.

Apprenez à cuisiner avec des projections de recettes holographiques flottant au-dessus de votre comptoir de cuisine.

Transformez votre jardin en un habitat de créature fantastique pour une aventure AR passionnante.

Placer la magie :

Apple Vision Pro facilite l'intégration des expériences AR dans votre environnement :

Regard et lieu : concentrez votre regard sur une surface souhaitée dans votre monde réel, comme un mur ou une table. Un anneau bleu scintillant confirme votre sélection. Appuyez sur l'air et l'application ou le contenu AR choisi se matérialise gracieusement devant vous.

Cartographie spatiale : Votre vision Pro scanner intelligemment votre environnement, créant une carte numérique de votre espace. Cela permet aux éléments AR d'interagir avec le monde réel et de s'y adapter, garantissant une intégration transparente et des ombres et un éclairage réalistes.

World Anchor : Vous voulez que vos créations AR restent fixes ? Utilisez la fonction Word Anchor. Cela verrouille les éléments virtuels à des points spécifiques de votre environnement physique, de sorte qu'ils persistent même si vous vous déplacez.

Au-delà du placement :

La magie de la RA va au-delà du simple placement de contenu. Voici comment interagir et personnaliser vos expériences AR :

Pincez et échelle : Vous voulez examiner de plus près ce dinosaure virtuel dans votre jardin ? Pincez vos doigts pour zoomer, rapprochant ainsi le monde numérique de votre domaine physique.

Rotation et déplacement : Vous n'aimez pas l'angle de projection de cette recette flottante ? Il suffit de le tendre et de le faire pivoter avec votre main, en manipulant les objets virtuels comme s'ils étaient réels.

AR multi-surfaces : libérez tout le potentiel de votre espace. Placez des éléments AR sur plusieurs surfaces autour de vous, créant ainsi des environnements immersifs et interactifs qui brouillent véritablement les frontières entre réel et virtuel.

N'oubliez pas que ce n'est que le début ! Explorez la bibliothèque en constante expansion d'applications et d'expériences AR conçues spécifiquement pour Vision Pro. Découvrez des fonctionnalités cachées, expérimentez des placements créatifs et laissez libre cours à votre imagination. Votre monde physique est désormais votre toile AR, prête à être peinte avec des possibilités illimitées.

Astuce bonus :

Utilisez la fonction « AR View » pour prévisualiser l'apparence d'une application ou d'une expérience AR dans votre environnement avant de la lancer. Cela vous permet de trouver l'emplacement idéal et d'éviter les surprises !

Interagir avec des objets virtuels dans le monde réel

Grâce à la magie de la réalité augmentée (AR) d'Apple Vision Pro, interagir avec des objets virtuels dans le monde réel devient une expérience immersive et intuitive. Voici comment débloquer cette dimension passionnante :

Tendez la main et touchez l'invisible :

Air Tap and Grab : Oubliez les contrôleurs encombrants ! Étendez votre main et « appuyez dans l'air » sur un objet virtuel pour le sélectionner. Envie d'aventure ? "Air grab" et manipule sa taille, sa position et sa rotation comme s'il était physiquement présent.

Gestes de la main : Libérez votre conducteur intérieur ! Faites glisser, pincez et faites pivoter votre main pour interagir naturellement avec les objets virtuels. Ouvrez un tiroir virtuel d'un simple glissement, redimensionner un modèle holographique d'un simple pincement ou ajustez l'éclairage d'une lampe virtuelle d'un simple mouvement.

Commande vocale : Envie d'avoir les mains libres ? Utilisez Siri pour interagir avec des objets virtuels. Dites « ouvrez la porte virtuelle » ou « changez la couleur de la fleur » et regardez vos commandes prendre vie dans le monde réel.

Au-delà des interactions de base :

Feedback physique : ressentir, c'est croire ! Apple Vision Pro utilise un retour haptique subtil dans votre manette pour simuler la texture et le poids des objets virtuels. Cela ajoute une couche de réalisme à vos interactions, les rendant vraiment tangibles.

Conscience spatiale : votre Vision Pro suit vos mouvements et votre environnement, permettant aux objets virtuels de réagir et de s'adapter à votre présence physique. Renversez un vase virtuel en RA et regardez-le se briser comme un vrai (sans gâchis !).

Collaboration multi-utilisateurs : partagez l'expérience AR ! Plusieurs utilisateurs de Vision Pro peuvent interagir avec les mêmes objets virtuels dans le même espace physique, favorisant ainsi la collaboration et la découverte partagée. Construisez ensemble un fort virtuel, jouez à des jeux de réalité augmentée les uns contre les autres ou concevez un jardin virtuel en équipe. N'oubliez pas que vos actions physiques sont votre pont vers le monde virtuel. Explorez différents gestes, expérimentez les commandes vocales et exploitez la puissance de la conscience spatiale pour libérer tout le potentiel de l'interaction avec des objets virtuels en RA. Votre Vision Pro vous attend, prêt à devenir votre portail vers un monde où les frontières entre réel et virtuel s'estompent.

Astuce bonus :

Téléchargez des applications AR spécialement conçues pour les interactions manuelles. Ces applications proposent souvent des puzzles, des jeux et des activités créatives qui exploitent la nature intuitive du toucher et des gestes, offrant ainsi un terrain de jeu agréable pour explorer les interactions AR.

Utiliser ARKit pour les développeurs

Voici un guide d'utilisation d'ARKit pour les développeurs, intégrant des consignes de sécurité :

Étapes clés pour utiliser ARKit :

1. Installez Xcode : assurez-vous de disposer de la dernière version de l'environnement de développement d'Apple, Xcode, qui inclut les outils de développement ARKit.

2. Créez un projet ARKit : utilisez les modèles Xcode pour configurer un nouveau projet spécialement conçu pour le développement AR.

3. Comprendre les fonctionnalités de base d'ARKit : Familiarisez-vous avec les principales fonctionnalités d'ARKit :

- Compréhension de la scène : ARKit cartographie le monde réel, détectant les plans, les surfaces et les points caractéristiques.

- Suivi : Il suit la position et l'orientation de l'appareil en temps réel, permettant aux objets virtuels de rester ancrés dans l'environnement physique.

- Rendu : ARKit mélange de manière transparente le contenu virtuel avec le monde réel, créant une expérience de réalité augmentée réaliste.

4. Travaillez avec ARSCNView : Cette classe essentielle est la vue principale pour afficher le contenu AR. Il gère le rendu, la gestion de la caméra et l'interaction avec les scènes.

5. Ajouter des objets virtuels : utilisez du code pour placer des objets virtuels 3D, des animations et d'autres contenus dans la scène AR.

6. Interagissez avec des objets virtuels : mettez en œuvre des interactions utilisateur telles que le toucher, les gestes et le suivi de mouvement pour manipuler des objets

virtuels et créer des expériences attrayantes.

7. Testez de manière approfondie : effectuez des tests rigoureux sur divers appareils et dans différents environnements pour garantir une expérience AR fluide et réaliste.

Considérations de sécurité pour le développement d'ARKit :

- Confidentialité : respectez la vie privée des utilisateurs en obtenant un consentement clair avant d'accéder à des informations sensibles telles que les données de caméra ou de localisation.

- Conception inclusive : créez des expériences AR accessibles aux utilisateurs ayant des capacités et des besoins divers.

- Sécurité physique : évitez de créer des éléments de réalité augmentée susceptibles de causer des dommages physiques ou de désorienter les utilisateurs dans leur environnement réel.

- Contenu respectueux : concevez des expériences de réalité augmentée qui tiennent compte des sensibilités culturelles et évitent de promouvoir des stéréotypes ou des préjugés nuisibles.

- Considérations éthiques : soyez conscient des implications éthiques potentielles de la technologie AR, telles que son impact sur les interactions sociales, la confidentialité et la collecte de données.

Conseils supplémentaires :

- Expérimentez avec l'exemple de code d'Apple : explorez l'exemple de code ARKit d'Apple pour apprendre les meilleures pratiques et découvrir des possibilités créatives.

- Restez à jour : restez au courant des dernières fonctionnalités et avancées d'ARKit pour les intégrer dans vos projets.

- Rejoignez la communauté des développeurs AR : connectez-vous avec d'autres développeurs AR pour partager des connaissances, des ressources et collaborer sur des projets innovants.

N'oubliez pas qu'ARKit vous permet de créer des expériences immersives et transformatrices, mais il est crucial de donner la priorité à la sécurité, à l'éthique et à l'inclusivité tout au long du processus de développement.

# CHAPITRE CINQ

## Explorer des mondes virtuels immersifs

Votre Apple Vision Pro n'est pas seulement un casque ; c'est une passerelle vers un univers de mondes virtuels vibrants et immersifs qui attendent d'être explorés. Ce chapitre plonge au cœur de l'expérience VR, offrant des trucs et astuces pour naviguer, interagir et vraiment se perdre dans les possibilités illimitées des royaumes numériques.

Entrer dans l'inconnu :

Lancer une application VR, c'est comme faire un acte de foi. Ne vous inquiétez pas, cependant ! Voici comment effectuer un atterrissage en douceur :

Calibrez pour le confort : avant de vous lancer dans votre voyage VR, assurez-vous que votre Vision Pro est parfaitement calibré pour vos yeux et vos contrôleurs. Cela maximise le confort visuel et garantit des interactions précises.

Prenez vos repères : en entrant dans un monde VR, prenez un moment pour vous familiariser avec votre environnement. Regardez autour de vous, identifiez les principaux points d'intérêt et obtenez une idée de la disposition. De nombreuses expériences VR proposent des modes didacticiels pour vous faciliter la tâche.

Maîtrisez la locomotion : se déplacer en VR peut être intimidant. Expérimentez différentes options de locomotion comme la téléportation, les mouvements fluides ou même la marche physique sur place. Trouvez ce qui vous semble confortable et naturel.

Interagir avec le cosmos numérique :

Une fois acclimaté, il est temps de se connecter au monde virtuel :

Tendez la main et touchez : n'hésitez pas à tendre la main et à interagir avec les objets. Pointez, saisissez, manipulez et même construisez : les environnements VR réagissent souvent à vos gestes de manière intuitive.

La voix est votre alliée : vous vous souvenez de Siri ? Elle est aussi votre guide en VR ! Utilisez les commandes vocales pour naviguer dans les menus, activer des objets ou même demander de l'aide si vous vous perdez.

Embrassez votre héros intérieur : De nombreuses expériences VR impliquent de l'action et de l'aventure.

Esquiver les attaques ennemies, résolvez des énigmes et engagez-vous même dans des batailles épiques : vos mouvements deviennent vos actions, vous plongeant complètement dans le récit.

Au-delà des bases:

Les explorateurs VR chevronnés peuvent approfondir leurs connaissances :

Connexions sociales : rassemblez vos amis et explorez les mondes VR ensemble ! Les expériences multijoueurs vous permettent de collaborer, de rivaliser et de créer des souvenirs impérissables dans des paysages numériques partagés.

Personnalisez votre réalité : certaines expériences VR vous permettent de bricoler l'environnement, en l'adaptant à vos préférences. Changez l'éclairage, réglez la musique ou créez même vos propres espaces virtuels pour exprimer votre individualité.

Repoussez les limites : le développement de la réalité virtuelle évolue constamment. Expérimentez des expériences de pointe qui utilisent le retour haptique, des générateurs de parfums et même des tapis roulants omnidirectionnels pour brouiller les frontières entre la réalité et le domaine numérique.

N'oubliez pas que la clé pour explorer des mondes virtuels immersifs est de s'y plonger avec un esprit ouvert et un sentiment d'émerveillement. Expérimentez, acceptez l'inconnu et laissez votre imagination vous guider. Les possibilités infinies de votre Apple Vision Pro vous attendent !

Astuce bonus :

Consultez les plateformes VR comme l'App Store pour obtenir des recommandations et des listes organisées d'expériences immersives adaptées à vos intérêts. Des documentaires sur la nature à couper le souffle aux aventures fantastiques palpitantes, le monde de la réalité virtuelle a quelque chose à offrir à chacun.

Jouer à des jeux et des expériences VR Préparez-vous à libérer le joueur qui sommeille en vous et embarquez pour des aventures inoubliables tandis que votre Apple Vision Pro vous transporte au cœur de jeux et d'expériences VR à couper le souffle. Ce chapitre vous fournit les connaissances et les conseils nécessaires pour naviguer dans ce domaine passionnant, en maximisant votre plaisir et en relevant chaque défi avec style.

Se préparer pour la gloire :

Avant d'entrer dans l'arène virtuelle, assurez-vous d'être prêt :

Dégagez le champ de bataille : créez une aire de jeu sûre et sans obstacles dans votre environnement réel pour permettre un mouvement sans entrave.

Chargez : gardez votre Vision Pro bien chargé pour éviter les problèmes de batterie en milieu de bataille et maintenir une immersion ininterrompue.

Calibrez pour plus de précision : ajustez votre casque et vos contrôleurs pour un confort visuel optimal et des interactions réactives. Chaque pression sur un pixel ou un bouton compte !

Conquérir les contrôles :

La maîtrise du mouvement et de l'interaction est la clé du succès des jeux VR :

Déplacez-vous comme un pro : expérimentez différentes options de locomotion comme la téléportation, les mouvements fluides ou même la marche physique sur place. Trouvez ce qui vous semble naturel et vous permet de naviguer facilement dans les environnements.

Devenez un gourou du geste : tendez la main et interagissez avec des objets dans le monde virtuel. Prenez des armes, actionnez des leviers et résolvez des énigmes à l'aide de gestes intuitifs de la main. N'oubliez pas que vos mouvements façonnent votre réalité !

Les commandes vocales sont votre arme secrète : ne sous-estimez pas la puissance de Siri ! Utilisez les commandes vocales pour activer des objets, changer d'arme ou même appeler des renforts, en gardant votre concentration sur l'action.

Adopter le genre :

Le paysage du jeu VR est vaste et diversifié, offrant une expérience pour chaque type de joueur :

Aventures pleines d'action : Plongez-vous dans des histoires palpitantes dont vous êtes le héros. Esquiver les balles, résolvez des mystères et combattez des boss épiques dans des expériences immersives à la première personne.

Passe-temps déroutants : mettez votre esprit à l'épreuve avec des énigmes VR qui mettent à l'épreuve votre raisonnement spatial et vos compétences logiques. Explorez des environnements complexes, manipulez des objets et découvrez des secrets pour sortir victorieux.

Biveaux et maîtrisez les subtilités de chaque jeu. Devenez un stratège légendaire, un virtuose de la résolution d'énigmes ou un combattant VR imparable.

Personnalisez votre expérience : de nombreux jeux VR proposent des options de personnalisation. Choisissez votre avatar, personnalisez vos armes et adaptez les environnements à votre guise. Personnalisez réellement votre voyage VR !

Explorez les horizons créatifs : libérez l'artiste qui sommeille en vous grâce à des expériences de peinture et de sculpture en réalité virtuelle. Donnez vie à votre imagination en 3D et créez de superbes œuvres d'art dans un environnement véritablement immersif.

N'oubliez pas que les jeux VR ne se limitent pas à jouer à un jeu : c'est une expérience immersive qui vous permet de plonger dans vos rêves les plus fous. Alors, enfilez votre Vision Pro, explorez les possibilités illimitées et que les jeux commencent !**

Astuce bonus :

Consultez les communautés et forums en ligne dédiés aux jeux VR. Ceux-ci offrent des ressources, des discussions et des recommandations précieuses pour vous aider à trouver les jeux et expériences VR parfaits qui correspondent à vos intérêts et à votre niveau de compétence.

Utiliser RealityKit pour les développeurs

Voici un guide d'utilisation de RealityKit pour les développeurs, intégrant les meilleures pratiques et les considérations de sécurité :

Étapes clés pour utiliser RealityKit :

1. Installez Xcode : assurez-vous de disposer de la dernière version de Xcode, qui inclut les outils de développement RealityKit.

2. Créez un projet RealityKit : utilisez les modèles Xcode pour démarrer un nouveau projet spécifiquement pour le développement AR ou VR.

3. Comprendre les concepts fondamentaux de RealityKit :

- Entités : blocs de construction représentant des objets et des personnages virtuels.

- Composants : ajoutez des fonctionnalités telles que la physique, le rendu, l'animation et l'audio aux entités.

    - Ancrage : attachez du contenu virtuel à des surfaces du monde réel ou suivez sa position dans l'espace.

4. Travaillez avec ARView et VRView : ces vues affichent respectivement le contenu AR et VR.

5. Chargez et créez des ressources : importez des modèles 3D, des textures, des animations et des fichiers audio pour créer des expériences immersives.

6. Ajoutez des comportements et de la physique : utilisez des composants pour créer des interactions, des animations et des simulations basées sur la physique.

7. Gérer les interactions utilisateur : implémentez des gestes tactiles, le suivi des mains et d'autres méthodes

de saisie pour le contrôle de l'utilisateur.

8. Testez minutieusement : effectuez des tests rigoureux sur divers appareils et dans différentes conditions pour garantir les performances et la sécurité.

Meilleures pratiques pour le développement de RealityKit :

- Optimiser les actifs : utilisez des modèles et des textures 3D légers et efficaces pour maintenir des performances fluides.

- Tirer parti des opérations asynchrones : évitez de bloquer le thread principal avec des tâches lourdes pour garantir un rendu et une réactivité fluides.

- Utiliser le système de composants d'entité : profitez de la flexibilité et de la modularité de l'architecture ECS de

RealityKit pour gérer la complexité et créer des composants réutilisables.

- Tenez compte des performances et de la durée de vie de la batterie : optimisez la fidélité visuelle et les interactions pour équilibrer l'immersion avec les ressources de l'appareil.

Considérations de sécurité :

- Sécurité physique : Concevoir des expériences qui évitent les collisions avec des objets du monde réel et évitent la désorientation ou l'inconfort des utilisateurs.

- Accessibilité : créez des expériences inclusives pour les utilisateurs ayant une déficience visuelle, auditive ou motrice.

- Confidentialité : respectez la vie privée des utilisateurs en obtenant un consentement clair pour l'utilisation de la caméra et du capteur, et gérez les données sensibles de manière responsable.

- Directives relatives au contenu : respectez les directives de l'App Store d'Apple pour garantir un contenu approprié pour tous les âges.

Conseils supplémentaires :

- Explorez les exemples de code d'Apple : découvrez les meilleures pratiques à partir des exemples de projets RealityKit d'Apple.

- Restez à jour : restez au courant des dernières fonctionnalités et avancées de RealityKit.

- Rejoignez la communauté des développeurs : connectez-vous avec d'autres développeurs pour partager des connaissances et collaborer.

N'oubliez pas que RealityKit vous permet de créer des expériences AR et

VR convaincantes, mais donnez la priorité à la sécurité, à l'accessibilité et aux directives éthiques tout au long du processus de développement.

# CHAPITRE VI

## Interagir avec votre Apple Vision Pro :

Maîtriser le langage du mouvement : gestes de la main et suivi oculaire dans votre Apple Vision Pro

Votre Apple Vision Pro n'est pas seulement une visière de haute technologie ; c'est une fenêtre sur un monde où vos mouvements et votre regard deviennent votre voix, vos mains les conduits vers un univers de possibilités numériques. Ce chapitre explore la magie de l'interaction avec votre Vision Pro, révélant les secrets des gestes de la main et du suivi oculaire pour naviguer sans effort et vous exprimer intuitivement.

Vers les étoiles : libérer le pouvoir des gestes de la main.

Imaginez des paysages virtuels imposants avec la grâce d'un chef d'orchestre, vos mains façonnant le monde numérique qui vous entoure. Avec Vision Pro, ce n'est pas un fantasme ; c'est la réalité. Voici comment maîtriser le langage des gestes de la main :

Pointez et sélectionnez : étendez votre main comme un bâton de chef d'orchestre virtuel et concentrez-vous sur l'objet ou l'application souhaité. Un subtil anneau bleu confirme votre intention et une simple pression libère l'expérience. La simplicité à son meilleur !

Atteindre et saisir : Envie d'aventure ? Tendez la main et « saisissez » un objet virtuel. Faites-le pivoter, redimensionner-le et manipulez-le comme s'il était réel, en ressentant le subtil retour haptique qui simule son poids et sa texture.

Glisser et faire défiler : les gestes familiers prennent un nouveau sens. Faites glisser votre doigt pour naviguer dans les menus, faire défiler les listes et même peindre dans des applications VR, les mouvements de vos mains se traduisant de manière transparente en actions numériques.

Pouce levé et baissé : j'aime ou je n'aime pas, d'accord ou pas d'accord – ces gestes familiers se traduisent sans effort par une interaction avec du contenu virtuel, offrant des moyens rapides et intuitifs d'exprimer vos préférences.

Au-delà des bases : gestes avancés de la main pour les utilisateurs expérimentés

Pour les explorateurs aguerris, le répertoire des gestes de la main s'élargit :

Toucher à deux doigts : ce raccourci pratique ouvre des menus contextuels, offrant des options supplémentaires pour interagir avec les objets et les environnements.

Fist Clench : Besoin d'échapper à un menu ou de fermer une application ? Serrez le poing – un geste puissant pour une retraite rapide.

Prise d'air et lancez : vous vous sentez ludique ? Saisissez un objet virtuel et lancez-le dans les airs, en le regardant réagir selon une physique réaliste.

Pincement à deux doigts : vous voulez examiner de plus près ce modèle complexe en VR ? Pincez vos doigts pour zoomer, rapprochant ainsi le monde numérique de votre domaine physique.

La danse de votre regard : le suivi oculaire occupe le devant de la scène

Vos yeux en disent long, même dans le domaine numérique. La technologie de suivi oculaire de Vision Pro ouvre une nouvelle couche d'interaction :

Concentrez-vous et restez : fixez votre regard sur un objet pendant un moment, et il flotte gracieusement plus près, invitant à l'exploration. Cette approche plus lente et plus délibérée est idéale pour une sélection précise et un examen détaillé.

Regard et défilement : laissez-vous guider par vos yeux. Concentrez-vous sur différents points d'un menu ou d'une liste et le contenu défile doucement sous votre regard, vous gardant les mains libres pour d'autres interactions.

Clignez des yeux et confirmez : vous en avez assez d'appuyer sur des boutons ? Avec la confirmation du regard, un simple clignement active votre sélection, offrant un moyen simple et intuitif de faire des choix.

Dirigez votre attention : en RA, votre regard devient un projecteur. Concentrez-vous sur des points spécifiques de votre environnement réel pour diriger les éléments virtuels, mettre en évidence les domaines d'intérêt et guider l'attention des autres dans l'espace partagé.

N'oubliez pas que les gestes de la main et le suivi oculaire sont vos fenêtres sur les possibilités illimitées de votre Vision Pro. Adoptez le flux naturel du mouvement et du regard, expérimentez des interactions avancées et découvrez un monde où la communication transcende les mots parlés et prend forme dans la danse de votre corps et de vos yeux.

Astuce bonus :

Combinez les gestes de la main et le suivi oculaire pour un contrôle encore plus intuitif. Par exemple, pointez un objet avec votre main, puis concentrez votre regard pour l'activer, créant ainsi une connexion transparente entre vos actions physiques et numériques.

Utiliser des gestes naturels de la main pour naviguer et interagir

Abandonnez les contrôleurs, adoptez les doigts : naviguer et interagir avec des gestes naturels de la main sur votre Apple Vision Pro

Oubliez les boutons encombrants et les joysticks encombrants ! Votre Apple Vision Pro ouvre la porte à un monde où vos propres mains deviennent les contrôleurs ultimes, naviguant et interagissant avec des paysages virtuels et des interfaces numériques avec une grâce intuitive qui semble aussi naturelle que la respiration. Plongeons dans le monde fascinant des gestes naturels de la main et libérons tout le potentiel de votre Vision Pro

potentiel de votre Vision Pro :
Vous indiquer la voie de l'aventure :
Imaginez-vous glisser sans effort à travers des mondes virtuels, votre main tendue comme une baguette de chef d'orchestre dirigeant votre voyage. Grâce au suivi manuel précis

de Vision Pro, un simple point vers un point d'intérêt éloigné suffit pour s'y téléporter en douceur. Fini l'écrasement des boutons, juste un geste naturel et vous vous envolez à travers des paysages numériques vibrants.

Tendez la main et touchez l'irréel :
Envie de mettre la main à la pâte ? Étendez votre paume et "attrapez l'air" un objet virtuel. Faites-le pivoter, redimensionner-le et lancez-le même dans les airs : la technologie de retour haptique simule ses textures et son poids, brouillant ainsi les frontières entre le réel et le virtuel. Vous voulez examiner un délicat papillon flottant dans votre jardin AR ? Pincez vos doigts pour zoomer, rapprochant ainsi la créature numérique de votre regard curieux.

Glissez comme un maître Jedi :
Les gestes familiers prennent des significations nouvelles et puissantes. Faites glisser votre main pour naviguer dans les menus, faire défiler les flux d'informations et même peindre dans les applications VR. Les mouvements de vos mains se traduisent parfaitement en actions numériques, vous permettant de manipuler le monde virtuel avec la facilité fluide d'un magicien chevronné.

Bravo, vous êtes un maître :
Exprimer ses préférences devient aussi naturel que respirer. Un simple pouce vers le haut ou vers le bas vous permet d'aimer ou de ne pas aimer instantanément, d'être d'accord ou pas d'accord. Ce système de gestes intuitifs rend la navigation sur les sites Web, l'interaction avec les expériences VR et

l'expression de vos opinions plus pratiques et amusantes que jamais.

Au-delà des bases : débloquer des gestes avancés :

Pour les explorateurs aguerris, le répertoire des gestes de la main offre encore plus de possibilités :

Toucher à deux doigts : ce raccourci pratique ouvre des menus contextuels, révélant des options cachées et des niveaux d'interaction plus profonds avec les objets et les environnements.

Fist Clench : Besoin d'une évasion rapide ? Serrez le poing pour fermer instantanément une application ou quitter un menu : un geste puissant pour reprendre le contrôle et recentrer votre parcours numérique.

Air Grab and Throw : Envie de jouer ? Saisissez un objet virtuel et lancez-le dans les airs, en le regardant réagir avec une physique réaliste. Lancez une boule de neige sur un bonhomme de neige virtuel ou lancez une fusée dans le ciel VR : les possibilités sont infinies !

N'oubliez pas que vos mains sont votre voix dans le domaine numérique. Profitez du pouvoir intuitif et expressif des gestes naturels de la main, expérimentez des interactions avancées et découvrez un monde où les frontières entre vous et la technologie que vous utilisez fondent. Votre Apple Vision Pro vous attend, prête à être explorée avec la danse gracieuse de vos propres mains.

Astuce bonus :

Combinez les gestes de la main avec votre voix pour un contrôle encore plus puissant. Demandez à Siri d'ouvrir une application tout en pointant votre main vers elle, ou appelez un outil virtuel lorsque vous tendez la main pour le saisir. Laissez votre voix et vos gestes fonctionner en harmonie pour naviguer dans le monde numérique avec fluidité et sans effort.

Tirer parti du suivi oculaire pour un contrôle et une immersion améliorés

Déplacez-vous, contrôleurs maladroits et écrasement de boutons ! Votre Apple Vision Pro ouvre un nouveau domaine d'interaction grâce à sa technologie de pointe de suivi oculaire. Préparez-vous à abandonner le physique et à exploiter le pouvoir de votre regard, transformant ainsi la façon dont vous naviguez, interagissez et expérimentez le monde numérique.

Regard et demeure : vos yeux deviennent le bâton d'un chef d'orchestre

Imaginez que vous guidez doucement votre attention comme un projecteur et que les éléments virtuels se déplacent gracieusement pour rencontrer votre regard. C'est la magie de la sélection en direct. Fixez vos yeux sur un objet et il se rapproche lentement, invitant à l'exploration. Vous souhaitez l'activer ? Un simple clignement confirme votre choix, rendant la sélection aussi simple que de regarder.

Faites défiler avec vos yeux : la lecture réinventée

Oubliez le glissement ! Le suivi oculaire vous permet de faire défiler des textes, des sites Web et des menus simplement en déplaçant votre regard.

Plus besoin de chercher votre télécommande : le contenu circule en douceur sous vos yeux, vous gardant immergé et en contrôle. Ce système intuitif est parfait pour les longues sessions de lecture ou pour explorer de vastes bibliothèques virtuelles.

Dirigez votre attention : un projecteur pour l'esprit

En réalité augmentée, votre regard devient un outil puissant pour guider l'attention. Concentrez-vous sur des points spécifiques de votre environnement réel pour mettre en évidence des éléments pour les autres dans l'espace partagé. Imaginez présenter des détails cachés d'un tableau à vos amis ou attirer l'attention sur des points de vue intéressants lors d'une visite virtuelle.

Au-delà des bases : maîtriser les interactions avancées du regard**
Pour les explorateurs chevronnés, le suivi oculaire offre un contrôle encore plus approfondi :
Menus rapides : accédez aux menus contextuels d'un simple mouvement des yeux. Concentrez-vous sur une zone spécifique pendant un bref instant et les options pertinentes apparaissent instantanément, prêtes à être sélectionnées en un clin d'œil.

Nuances subtiles, grand impact : exprimez vos émotions et vos préférences comme jamais auparavant. Détendez vos pupilles pour montrer votre enthousiasme dans les jeux VR, ou rétrécissez votre regard pour transmettre votre concentration lors de réunions virtuelles.

Combo regard et geste : combinez la puissance de vos yeux et de vos mains pour un contrôle ultime. Pointez un objet avec votre main, puis concentrez votre regard pour l'activer, créant ainsi une connexion transparente entre les actions physiques et numériques.

N'oubliez pas que vos yeux sont des fenêtres sur votre âme et, dans la réalité virtuelle, ils deviennent des fenêtres sur des mondes de possibilités. Profitez de la puissance intuitive du suivi oculaire, expérimentez des interactions avancées et découvrez un niveau d'immersion plus profond dans le domaine numérique. Votre Apple Vision Pro vous attend, prête à être explorée à travers le prisme de votre regard.

Astuce bonus :

Entraînez vos compétences en matière de suivi oculaire ! Jouez à des jeux et à des applications spécifiques conçus pour mettre au défi et améliorer le contrôle de votre regard. Plus vous pratiquez, plus vos interactions dans le monde numérique deviendront fluides et intuitives.

Personnalisation des paramètres de suivi des gestes et du regard

Votre Apple Vision Pro n'est pas seulement un casque haute technologie ; c'est un portail vers des expériences numériques personnalisées. Tout comme en modifiant les paramètres de votre smartphone, vous pouvez affiner la façon dont vous interagissez avec celui-ci grâce aux gestes et au suivi oculaire. Examinons les options de personnalisation, vous permettant de créer une réalité adaptée à vos préférences uniques.

Harmonie des gestes de la main :

- Sensibilité : Vous avez l'impression que vos gestes sont trop nerveux ou lents ? Ajustez le curseur de sensibilité pour créer un équilibre parfait entre les réponses rapides et les activations accidentelles.

- Main dominante : gauche ou droite ? Réglez votre main dominante pour des interactions intuitives de pointage et de sélection. Vous pouvez même changer de domination à la volée !

- Gestes personnalisés : Envie de créativité ? Apple Vision Pro vous permet de programmer des gestes personnalisés simples pour des actions spécifiques. Vous voulez mettre un appel virtuel au silence avec un mouvement « chut » ? Arangez-vous pour que cela arrive!

Élégance du suivi oculaire :

- L'étalonnage est la clé : assurez-vous que votre suivi oculaire est précis avec un étalonnage régulier. Imaginez que vous essayez de peindre avec un pinceau bancal ; un contrôle du regard inexact peut être tout aussi frustrant.

- Gaze Dwell Time : ajustez la durée pendant laquelle vous devez vous concentrer sur un objet pour l'activer. Vous préférez les sélections ultra-rapides ? Réduisez le temps de séjour. Besoin d'une approche plus délibérée ? Allongez-le !

- Sensibilité aux clignements : tout le monde ne cligne pas des yeux au même rythme. Personnalisez la sensibilité du clignotement pour éviter les activations accidentelles ou les non-enregistrements frustrants.

Ajustements bonus :

- Intensité du retour haptique : préférez-vous des vibrations subtiles ou une poignée de main plus ferme de vos objets virtuels ? Personnalisez l'intensité du retour haptique pour une expérience véritablement personnalisée.

- Déclencheur de l'assistant vocal : choisissez comment vous souhaitez invoquer Siri. Un simple « Hey Siri » ou une pression dédiée sur votre bracelet virtuel – à vous de choisir !

- Options d'accessibilité : Apple Vision Pro répond à divers besoins. Explorez les options de synthèse vocale, les méthodes de saisie alternatives et les tailles de police réglables pour une expérience confortable et inclusive.

N'oubliez pas que la personnalisation est la clé pour libérer tout le potentiel de votre Apple Vision Pro. Expérimentez, modifiez et jouez jusqu'à ce que vos gestes et votre suivi oculaire ressemblent à une extension de vous-même. Votre réalité numérique parfaite vous attend !

Conseil supplémentaire :

Partagez vos paramètres personnalisés ! Créez des profils pour différentes activités ou préférences, comme un « mode jeu » avec des gestes rapides et un retour haptique minimal, ou un « mode relaxation » avec des temps d'arrêt lents et un retour auditif apaisant.

# CHAPITRE SEPT

## Commande vocale et Siri

Utiliser les commandes vocales pour contrôler votre Apple Vision Pro

Votre Apple Vision Pro n'est pas seulement un casque ; c'est un paradis numérique où votre voix devient votre outil de commande ultime. Oubliez les boutons encombrants et les gestes gênants : avec la commande vocale et Siri, naviguer, interagir et vous exprimer dans le monde virtuel est aussi simple que de dire ce que vous pensez. Plongeons dans la magie des commandes vocales et libérons tout le potentiel de vos prouesses vocales :

Maîtriser le paysage numérique :

Imaginez-vous dicter sans effort du texte dans des applications VR, murmurer « ouvrez cette application » pour lancer en toute transparence votre programme préféré, ou même demander un guide touristique virtuel avec un simple « emmenez-moi au Colisée ». La commande vocale sur Apple Vision Pro fait de ces fantasmes une réalité.

Siri, votre assistant omniprésent :

Besoin d'un coup de main, même dans le domaine numérique ? Siri est toujours à votre disposition, prêt à vous aider dans une multitude de tâches :

Naviguer dans les menus : vous vous sentez perdu en VR ? Demandez à Siri de trouver des emplacements spécifiques, d'ouvrir les paramètres ou même d'ajuster l'éclairage de votre environnement virtuel.

Des informations à portée de main : Curieux de connaître l'histoire de cet imposant château virtuel ? Demandez à Siri : elle accédera et partagera facilement les informations du monde réel au sein de votre expérience AR.

Restez connecté : ne manquez jamais un rythme. Utilisez Siri pour passer des appels, envoyer des messages ou même contrôler vos appareils intelligents, le tout sans quitter votre voyage numérique immersif.

Au-delà des bases : maîtriser la commande vocale avancée :

Pour les explorateurs aguerris, le répertoire de commandes vocales offre encore plus de possibilités :

Raccourcis vocaux personnalisés : Fatigué de dire de longues phrases ?

Créez des raccourcis vocaux personnalisés pour les actions fréquemment utilisées. « Lancez un jeu VR » ou « Montrez-moi Mars » : les possibilités sont infinies !

Dictée avec précision : dictez des e-mails, des notes et même des messages en jeu avec une précision remarquable. Voice Control reconnaît la ponctuation et même les différentes langues, ce qui en fait votre scribe numérique ultime.

Multitâche mains libres : jonglez facilement avec les activités virtuelles. Utilisez les commandes vocales pour mettre la musique en pause tout en explorant en VR, répondre aux appels tout en concevant en 3D ou basculer entre les applications de réalité augmentée sans jamais lever le petit doigt.

N'oubliez pas que votre voix est votre passeport vers un monde d'interaction sans effort dans le domaine numérique. Profitez de la puissance du contrôle vocal et de Siri, expérimentez les commandes avancées et découvrez la liberté de naviguer, d'interagir et de vous exprimer avec la simple magie de vos paroles. Votre Apple Vision Pro vous attend, prête à écouter et à obéir !

Astuce bonus :

Entraînez votre reconnaissance vocale ! Entraînez-vous à utiliser une variété d'accents, de tonalités et de vitesses de parole pour améliorer la précision de vos commandes vocales. Plus vous interagissez avec votre Vision Pro par la voix, plus vos expériences numériques deviendront fluides et personnalisées.

Poser des questions à Siri et effectuer des actions en mains libres

Déplacez-vous, boutons maladroits et gestes maladroits ! Votre Apple Vision Pro, ainsi que le toujours utile Siri, vous permettent de conquérir les mondes réel et virtuel grâce à la puissance de votre voix. Oubliez les commandes ou les menus : posez des questions, émettez des commandes et effectuez des actions de manière transparente et mains libres. Plongeons dans la magie de Siri et libérons tout le potentiel de vos prouesses vocales :

Souhaits chuchotés à Siri :

Imaginez-vous explorer un paysage VR à couper le souffle tout en demandant avec désinvolture à Siri : « Quel est le nom de ce sommet de montagne ? ou en demandant : « Montrez-moi des photos historiques de cet ancien temple ». Votre curiosité devient votre commande, Siri accédant et présentant facilement les informations au sein de votre expérience immersive.

Héroïques mains libres :
Besoin d'un coup de main sans quitter votre parcours numérique ? Siri est votre assistant de garde :
Navigation Ninja : Vous vous sentez perdu dans une ville virtuelle tentaculaire ? Demandez à Siri de « Trouver le marché le plus proche » ou de « Guider-moi jusqu'à la place centrale » : elle deviendra votre cartographe numérique, vous dirigeant avec des signaux vocaux précis.
Alchimiste de l'information : Curieux de connaître les détails complexes de cette œuvre d'art virtuelle ? Demandez

à Siri : « Expliquez le symbolisme de ce tableau » ou « Racontez-moi la biographie de l'artiste ». Elle intégrera facilement les informations du monde réel dans votre expérience de réalité augmentée.

Restez connecté, toujours : gardez le monde réel à portée de main. Utilisez Siri pour « appeler maman » tout en conquérant un jeu VR, « envoyer un message à mon équipe » en pleine conception d'un modèle 3D ou contrôler vos appareils domestiques intelligents, le tout sans jamais manquer un rythme de votre aventure numérique.

Au-delà des bases : maîtriser les compétences avancées de Siri :

Pour les explorateurs aguerris, le répertoire Siri offre encore plus de possibilités :

Raccourcis personnalisés, activés par la voix : Fatigué des longues phrases ? Créez des raccourcis vocaux personnalisés pour les actions fréquemment utilisées. « Lancez une application d'exploration spatiale » ou « Montrez-moi les gros titres de l'actualité » : les possibilités sont infinies !

Dictée décodée : dictez des e-mails, des notes et même des messages en jeu avec une précision remarquable. Siri reconnaît la ponctuation et même les différentes langues, ce qui en fait votre scribe numérique ultime.

Maestro multitâche : jonglez facilement avec les activités virtuelles. Utilisez les commandes vocales pour « Mettre la musique en pause tout en explorant la jungle » ou « Répondre à l'appel pendant la construction de ce robot » – basculez entre les tâches et contrôlez votre environnement numérique sans effort.

N'oubliez pas que votre voix est votre passeport vers un monde d'interaction sans effort dans les domaines réel et virtuel. Adoptez la puissance de Siri, expérimentez des compétences avancées et découvrez la liberté de naviguer, d'interagir et de vous exprimer avec la simple magie de vos paroles. Votre Apple Vision Pro vous attend, prête à écouter et à obéir !

Astuce bonus :

Entraînez votre reconnaissance vocale ! Entraînez-vous à utiliser une variété d'accents, de tonalités et de vitesses de parole pour améliorer la précision de vos commandes vocales. Plus vous interagissez avec votre Vision Pro par la voix, plus vos expériences numériques deviendront fluides et personnalisées.

De plus, gardez à l'esprit ces aspects de Siri :

Questions de confidentialité : soyez conscient du moment où vous activez Siri en public ou à proximité d'informations sensibles.

Options d'accessibilité : Apple Vision Pro répond à divers besoins. Explorez des méthodes de saisie alternatives et des paramètres de commande vocale pour une expérience inclusive.

Apprentissage continu : Siri évolue constamment avec de nouvelles fonctionnalités et capacités. Restez à jour pour vous assurer que vous exploitez tout son potentiel.

Adoptez l'avenir mains libres avec Siri comme guide ! Laissez votre voix devenir votre outil de commande, explorez les possibilités illimitées de la réalité virtuelle et augmentée et découvrez la magie d'interagir avec le monde qui vous entoure simplement en disant ce que vous pensez.

CHAPITRE NEUF

Utilisation sûre et responsable d'Apple Vision Pro

Lignes directrices pour éviter le mal et l'inconfort de la réalité virtuelle

L'Apple Vision Pro ouvre la voie à un univers d'expériences captivantes, mais comme tout outil puissant, son utilisation responsable est primordiale. Examinons les lignes directrices essentielles pour une exploration sûre et éthique de la réalité augmentée et virtuelle, garantissant que votre voyage dans le domaine numérique soit sain, agréable et enrichissant.

Donnez la priorité au bien-être physique :

Attention à l'horloge : faites des pauses toutes les 20 à 30 minutes pour permettre à vos yeux et à votre cerveau de se reposer. Les séances Marathon VR peuvent entraîner de la fatigue, de l'inconfort et des complications potentielles pour la santé.

Bougez votre corps : ne vous perdez pas dans le monde sédentaire de la VR ! Levez-vous, étirez-vous et pratiquez régulièrement des activités physiques pour contrecarrer les périodes d'arrêt prolongées.

Écoutez votre corps : les maux de tête, les étourdissements et les nausées peuvent être des signes avant-coureurs d'un surmenage. Faites attention à vos signaux physiques et éloignez-vous du Vision Pro si vous ressentez un inconfort.

Protégez vos yeux :

Tamisez les lumières : un temps d'écran excessif en VR peut fatiguer vos yeux. Ajustez les paramètres de luminosité et évitez d'utiliser votre Vision Pro dans des environnements trop lumineux.

Concentrez-vous sur le lointain : donnez à vos yeux une pause dans la mise au point en gros plan. Regardez au loin ou concentrez-vous sur des objets du monde réel toutes les quelques minutes pour éviter la fatigue oculaire.

Tenez compte des restrictions d'âge : les yeux des enfants sont encore en développement. Suivez les recommandations d'Apple et donnez la priorité à d'autres formes de jeu pour les jeunes utilisateurs.

Maintenir l'équilibre mental et émotionnel :

Prenez du recul par rapport à la réalité : échappez-vous au monde réel avec modération. Une immersion excessive en VR peut vous déconnecter de votre environnement et de vos responsabilités.

Gérer les attentes : toutes les expériences VR ne sont pas créées égales. Certains peuvent contenir des situations intenses ou des contenus dérangeants. Choisissez des expériences qui correspondent à votre niveau de confort et à votre bien-être émotionnel.

Restez ancré : maintenez des interactions sociales et des activités physiques saines en dehors de la réalité virtuelle. N'oubliez pas que le monde réel offre des expériences et des connexions inestimables.

Au-delà de vous-même : considérations éthiques : Respectez la vie privée : veillez à filmer ou à enregistrer d'autres personnes en

VR sans leur consentement. Respectez les limites de confidentialité individuelles dans les mondes réel et virtuel.

Évitez les distractions : utiliser la réalité virtuelle dans des situations potentiellement dangereuses, comme conduire ou utiliser des machines, est irresponsable et met les autres en danger.

Promouvoir l'inclusivité : soyez conscient des divers besoins et limites. Plaidez pour des expériences VR accessibles et évitez les comportements discriminatoires ou offensants dans le domaine numérique.

N'oubliez pas que l'Apple Vision Pro est un outil puissant d'exploration, de connexion et de créativité. En donnant la priorité à votre bien-être physique et mental, en pratiquant une citoyenneté numérique responsable et en vous engageant dans des interactions virtuelles éthiques, vous pouvez franchir la frontière numérique en toute sécurité et enrichir votre voyage à travers les réalités augmentées et virtuelles.

Astuce bonus :

Rester informé! À mesure que la technologie VR évolue, de nouvelles lignes directrices et considérations peuvent émerger. Vérifiez régulièrement les sources fiables et recherchez les meilleures pratiques pour garantir que vous puissiez continuer à profiter de Vision Pro en toute sécurité et de manière responsable.

Maintenir le bien-être physique et mental pendant l'utilisation

Votre Apple Vision Pro ouvre la porte à des aventures exaltantes et à des expériences captivantes, mais comme tout outil puissant, il nécessite une utilisation consciente pour garantir votre bien-être physique et mental. Parcourons la frontière numérique avec soin, en créant un voyage sain et enrichissant à travers les réalités augmentées et virtuelles.

Physiquement apte à la quête numérique :

La règle des 20 à 30 : faites des pauses toutes les 20 à 30 minutes pour donner à vos yeux et à votre cerveau une chance de se ressourcer. N'oubliez pas que même les explorateurs numériques ont besoin de arrêts physiques !

Rise and Shine : combattez l'attrait sédentaire de la réalité virtuelle.

Levez-vous, étirez-vous et pratiquez une activité physique régulière pour garder votre corps prêt aux efforts virtuels et réels.

Écoutez votre corps : les maux de tête, les étourdissements ou les nausées sont les signaux que votre corps envoie pour une pause. Arrêtez immédiatement d'utiliser le Vision Pro et faites une pause si vous ressentez un inconfort.

Protéger vos précieux mirettes :

Tamisez les lumières : un temps d'écran excessif en VR peut fatiguer vos yeux. Ajustez les paramètres de luminosité et évitez d'utiliser votre Vision Pro dans des environnements trop lumineux.

Concentrez-vous sur le lointain : donnez à vos yeux une pause dans la mise au point en gros plan. Regardez au loin ou concentrez-vous sur des objets du monde réel toutes les quelques minutes pour éviter la fatigue oculaire.

L'âge compte : les yeux des enfants sont encore en développement. Suivez les recommandations d'Apple et donnez la priorité à d'autres formes de jeu pour les jeunes utilisateurs.

L'équilibre mental dans le domaine numérique :

Évadez-vous judicieusement : bien que la réalité virtuelle offre un répit bienvenu, la modération est la clé. N'oubliez pas que le monde réel mérite également votre attention. Donnez la priorité aux interactions sociales et aux activités en dehors de la réalité virtuelle pour maintenir un équilibre sain.

Gérer les attentes : toutes les expériences VR ne sont pas créées égales. Choisissez un contenu qui correspond à votre niveau de confort et à votre bien-être émotionnel. Si une expérience vous semble déstabilisante, n'hésitez pas à faire une pause ou à quitter complètement.

Restez ancré : plongez-vous dans les mondes numériques, mais n'oubliez pas le monde réel. Maintenez des liens sociaux sains et des activités physiques en dehors de la réalité virtuelle pour garantir une vie épanouissante et équilibrée.

Exploration éthique : soyez un bon citoyen numérique :

Respectez la vie privée : filmer ou enregistrer d'autres personnes en VR sans leur consentement est non seulement impoli, mais peut également porter atteinte à leur vie privée. N'oubliez pas que la règle d'or s'applique même dans le domaine numérique.

Distractions et danger : utiliser la réalité virtuelle dans des situations potentiellement dangereuses, comme conduire ou utiliser des machines, est irresponsable et met les autres en danger. Restez alerte et ancré dans le monde réel.

L'inclusivité est la clé : plaidez pour des expériences de réalité virtuelle accessibles et soyez conscient des divers besoins et limites. Traitez chacun avec respect et évitez les comportements discriminatoires ou offensants dans l'espace numérique.

N'oubliez pas que votre Apple Vision Pro est un outil puissant d'exploration, de connexion et de créativité. En donnant la priorité à votre bien-être physique et mental, en pratiquant une citoyenneté numérique responsable et en vous engageant dans des interactions virtuelles éthiques, vous pouvez parcourir la frontière numérique en toute confiance, garantissant ainsi un voyage sûr, sain et enrichissant à travers les réalités augmentées et virtuelles.

Astuce bonus :

Rester informé! À mesure que la technologie VR évolue, de nouvelles lignes directrices et meilleures pratiques peuvent émerger. Vérifiez régulièrement les sources fiables et recherchez les mises à jour pour garantir que vous puissiez continuer à profiter de Vision Pro en toute sécurité et de manière responsable.

Explorons ensemble les mondes merveilleux de la réalité virtuelle, mais toujours dans le souci du bien-être physique et mental. Vos aventures numériques vous attendent, alors prenez votre Vision Pro, respirez profondément et embarquez pour un voyage sain et éthique à travers les possibilités illimitées du domaine numérique !

# CHAPITRE DIX

## Nettoyage et entretien de votre Apple Vision Pro

Techniques de nettoyage appropriées pour le casque et les contrôleurs

Votre Apple Vision Pro est une passerelle vers des aventures à couper le souffle et des expériences immersives, mais comme tout outil précieux, il nécessite des soins appropriés pour conserver son état impeccable et ses performances optimales. Examinons les techniques essentielles de nettoyage et d'entretien de votre casque et de vos contrôleurs, afin de garantir que vos explorations numériques restent claires et fluides. Hygiène du casque :

Gentle Giants : La douceur est la clé !
Utilisez un chiffon en microfibre, de
préférence imbibé d'une solution
d'alcool isopropylique à 70 %, pour
essuyer les lentilles et les surfaces
extérieures. Les produits chimiques
agressifs et les chiffons abrasifs sont
les ennemis de votre Vision Pro.

Transpirez : après une séance de
réalité virtuelle intense, ne laissez pas
la transpiration s'attarder. Essuyez le
casque avec un chiffon en microfibre
humide, en vous concentrant sur
l'interface faciale et les zones qui
entrent en contact avec votre peau.
Pensez à utiliser des accessoires
anti-transpiration pour les longues
sessions de jeu.

Léger et aéré : Ne laissez pas votre
Vision Pro exposé à la lumière directe
du soleil ou à des températures

extrêmes. Rangez-le dans un endroit frais et sec lorsqu'il n'est pas utilisé, idéalement dans son étui de protection pour éviter la poussière et les rayures.

Propreté du contrôleur :

Essuyez la crasse : tout comme le casque, utilisez un chiffon en microfibre humide pour nettoyer les contrôleurs. Portez une attention particulière aux boutons, aux joysticks et à toutes les crevasses où la saleté ou la crasse pourrait s'accumuler.

Savvy en silicone : si vos contrôleurs sont dotés de poignées en silicone amovibles, retirez-les et lavez-les délicatement avec de l'eau et du savon doux. Laissez-les sécher complètement à l'air avant de les remettre en place.

Chargez judicieusement : évitez de charger vos contrôleurs pendant de longues périodes lorsqu'ils ne sont pas utilisés. Une surcharge peut raccourcir leur durée de vie. Visez des cycles de charge réguliers et modérés pour une santé optimale de la batterie.

Conseils bonus :

Mesures préventives : investissez dans un cache d'objectif ou un protecteur d'écran pour protéger la poussière et les rayures lorsque votre Vision Pro est rangé.

Nettoyage en profondeur de temps en temps : pour les saletés ou les taches tenaces, pensez à utiliser un kit de nettoyage VR spécialisé avec des lingettes pré-humidifiées spécialement conçues pour les appareils électroniques délicats.

Garantie et assistance : n'hésitez pas à contacter l'assistance Apple si vous rencontrez des problèmes de nettoyage ou d'entretien au-delà de votre niveau

de confort. Votre garantie et leur expertise sont là pour vous aider !
N'oubliez pas qu'un Apple Vision Pro propre et bien entretenu est votre passeport pour des aventures virtuelles ininterrompues et des expériences augmentées captivantes. En suivant ces conseils simples de nettoyage et d'entretien, vous pouvez vous assurer que vos voyages numériques restent clairs, confortables et exempts de problèmes techniques. Alors, prenez votre chiffon en microfibre, adoptez le toucher doux et gardez votre Vision Pro étincelante pour d'innombrables séances à venir !
Conseil de pro supplémentaire : pensez à nettoyer votre Vision Pro avant de le partager avec d'autres. Cela garantit non seulement l'hygiène, mais

garantit également une expérience confortable et agréable pour chacun.

Résoudre les problèmes courants et obtenir de l'aide

Même la technologie la plus avancée comme votre Apple Vision Pro peut rencontrer des problèmes occasionnels. Mais n'ayez crainte, explorateur intrépide ! Ce guide vous fournit des conseils de dépannage pour les problèmes courants et vous oriente vers les ressources d'assistance appropriées pour garantir que vos aventures immersives restent fluides et ininterrompues.

Problèmes courants et solutions possibles :

Problèmes de suivi :

Symptômes : image tremblante, suivi inexact des mains et des yeux, objets semblant nerveux.

Solutions possibles : recalibrez votre Vision Pro dans un environnement bien éclairé, assurez-vous qu'aucune surface réfléchissante ou champ magnétique interférent n'est présent, vérifiez les mises à jour logicielles.

Problèmes d'affichage :

Symptômes : visuels flous, écran scintillant, pannes de courant.

Solutions possibles : nettoyez les lentilles avec un chiffon en microfibre, ajustez les paramètres de luminosité, assurez-vous que votre Vision Pro est correctement connecté à la source d'alimentation, vérifiez les mises à jour logicielles.

Problèmes audio :

Symptômes : crépitements, coupure audio complète, déséquilibre du volume.

Solutions possibles : redémarrez votre Vision Pro, vérifiez les connexions desserrées ou les écouteurs endommagés, associez à nouveau votre Vision Pro à l'appareil source, vérifiez les mises à jour logicielles.

Problèmes de connectivité :

Symptômes : difficultés de connexion à votre appareil, déconnexions fréquentes, performances lentes.

Solutions possibles : redémarrez votre Vision Pro et votre appareil, assurez-vous que vous êtes à portée Bluetooth, vérifiez les mises à jour logicielles sur les deux appareils, envisagez de réinitialiser vos paramètres réseau.

N'oubliez pas : ce ne sont là que quelques problèmes courants et des solutions potentielles. Pour des problèmes plus spécifiques ou complexes, n'hésitez pas à demander de l'aide !

Des pistes de soutien à portée de main :

Assistance Apple : votre première ligne de défense. Visitez le site Web ou l'application d'assistance Apple, accédez aux guides de dépannage en ligne, discutez avec un spécialiste de l'assistance ou planifiez un rendez-vous au Genius Bar si nécessaire.

Communautés en ligne : profitez de l'expertise des autres utilisateurs de Vision Pro ! Participez à des forums et des communautés en ligne pour partager des expériences, échanger des conseils de dépannage et apprendre d'autres personnes susceptibles d'avoir rencontré des problèmes similaires.

Manuels et guides d'utilisation : Ne sous-estimez pas le pouvoir de la documentation officielle ! Reportez-vous au manuel d'utilisation et au guide de démarrage rapide d'Apple Vision Pro pour obtenir des instructions détaillées, des informations de sécurité et des conseils de dépannage spécifiques à votre appareil.

Astuce bonus :

Restez proactif ! Vérifiez régulièrement les mises à jour logicielles de votre Vision Pro et des appareils connectés. Ces mises à jour incluent souvent des corrections de bugs et des améliorations de performances, éliminant potentiellement les problèmes potentiels dans l'œuf avant qu'ils ne perturbent votre plaisir.

N'oubliez pas que vous n'êtes pas seul dans votre voyage virtuel. Avec un peu de savoir-faire en matière de dépannage et un accès aux ressources d'assistance appropriées, vous pouvez surmonter tous les problèmes et naviguer en toute confiance dans le monde exaltant de votre Apple Vision Pro. Alors adoptez l'esprit de dépannage, demandez de l'aide en cas de besoin et continuez à explorer les possibilités illimitées des réalités augmentées et virtuelles !**

Conseil de pro supplémentaire : gardez votre câble de charge et votre adaptateur secteur en bon état. Des câbles endommagés peuvent entraîner des problèmes de charge et de connectivité. Inspectez-les régulièrement pour vérifier leur usure et remplacez-les si nécessaire.

En suivant ces conseils et en restant ingénieux, vous pouvez vous assurer que vos expériences Apple Vision Pro restent sans problème et infiniment captivantes. Bonne exploration !

# GLOSSAIRE DES TERMES

## Conditions générales :

Réalité augmentée (AR) : superpose des éléments numériques sur le monde réel via votre Vision Pro, brouillant les frontières entre les environnements physiques et virtuels.

Réalité virtuelle (VR) : crée un environnement numérique complètement immersif qui remplace votre vision du monde réel.

Visiocasque (HMD) : partie casque de votre Vision Pro, contenant les objectifs et autres matériels qui affiche le monde virtuel ou augmenté.

Contrôleurs : appareils portables utilisés pour interagir avec l'environnement numérique en VR, comportant souvent des boutons, des joysticks et des pavés tactiles.

Champ de vision (FOV) : la largeur du monde virtuel ou augmenté que vous pouvez voir à travers votre Vision Pro.

Retour haptique : vibrations et sensations dans les contrôleurs et le casque qui simulent le toucher et l'interaction avec des objets virtuels.

Eye Tracking : technologie qui suit vos mouvements oculaires et les utilise pour contrôler l'environnement numérique, comme la mise au point sur des objets ou la sélection de menus.

Commande vocale : utilisez votre voix pour naviguer et interagir avec le Vision Pro, comme lancer des applications, poser des questions ou émettre des commandes.

Siri : votre assistant virtuel dans Vision Pro, disponible pour répondre aux questions, effectuer des tâches et contrôler votre expérience numérique.

Conditions avancées :

CAVE Automatic Virtual Environment (CAVE) : un système VR de la taille d'une pièce qui projette des images numériques sur les murs et le sol, créant ainsi un environnement totalement immersif pour plusieurs utilisateurs.

Réalité mixte (MR) : mélange les aspects de l'AR et de la VR, en plaçant des objets virtuels dans le monde réel mais en permettant une interaction avec les deux.

Dollhouse View : Une vue agrandie de votre environnement virtuel, vous permettant d'avoir une vue d'ensemble et de naviguer plus facilement.

Locomotion : se déplacer dans un environnement VR, en utilisant des techniques telles que la téléportation, la locomotion fluide ou la marche physique sur place.

Métaverse : un état futur hypothétique d'Internet où la réalité virtuelle et augmentée sont entrelacées avec le monde réel, créant un espace numérique persistant et interconnecté.

Jeton non fongible (NFT) : actif numérique unique stocké sur une blockchain, utilisé pour représenter la propriété d'objets virtuels comme des œuvres d'art ou des objets de collection.

Point de vue (POV) : point de vue à partir duquel vous découvrez l'environnement virtuel, généralement simulé comme vos propres yeux.

Audio positionnel : son immersif qui change de manière dynamique lorsque vous bougez la tête dans l'environnement VR, imitant la façon dont vous entendez le son dans le monde réel.

Conditions de sécurité et de bien-être : Maladie de la réalité virtuelle : Symptômes du mal des transports, tels que des nausées et des étourdissements, que certains utilisateurs ressentent en réalité virtuelle en raison d'une inadéquation sensorielle.

Règle 20-30 : faites des pauses toutes les 20 à 30 minutes pendant les sessions de réalité virtuelle pour éviter la fatigue oculaire et la fatigue.

Activités physiques : pratiquez une activité physique régulière en dehors de la réalité virtuelle pour contrecarrer la nature sédentaire d'une utilisation prolongée de la réalité virtuelle.

Bien-être mental : choisissez des expériences VR qui correspondent à votre niveau de confort et à votre bien-être émotionnel, et maintenez un équilibre avec les interactions du monde réel.

Citoyenneté numérique responsable : respectez la vie privée des autres dans la réalité virtuelle, évitez d'utiliser la réalité virtuelle dans des situations potentiellement dangereuses et promouvez l'inclusivité dans le domaine numérique.

N'oubliez pas que ce glossaire n'est qu'un point de départ. À mesure que la technologie VR évolue, de nouveaux termes et concepts apparaîtront. Restez curieux, continuez à explorer et n'hésitez pas à demander des éclaircissements supplémentaires si vous rencontrez une terminologie inconnue dans vos aventures numériques !

www.ingramcontent.com/pod-product-compliance
Lightning Source LLC
Chambersburg PA
CBHW072300260726

48658CB00004BA/1308